Couverture inférieure manquante

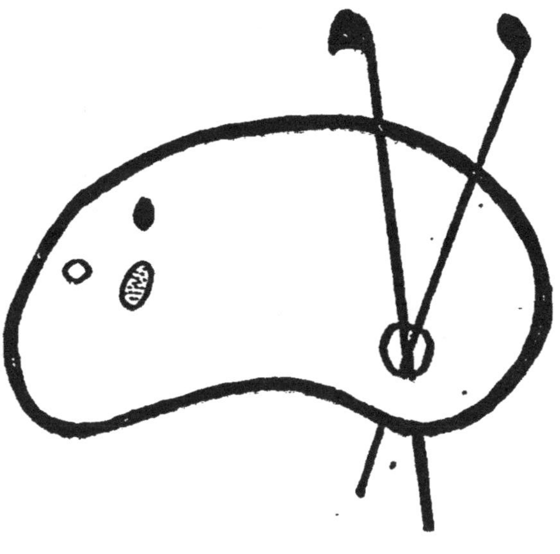

DEBUT D'UNE SERIE DE DOCUMENTS
EN COULEUR

DÉCOUVREURS

ET

MISSIONNAIRES

DANS

L'AFRIQUE CENTRALE

AU XVIᵉ ET AU XVIIᵉ SIÈCLE

PAR

LE R. P. J. BRUCKER

DE LA COMPAGNIE DE JÉSUS

Extrait des *Études religieuses.*

LYON

IMPRIMERIE PITRAT AÎNÉ

RUE GENTIL, 4

1878

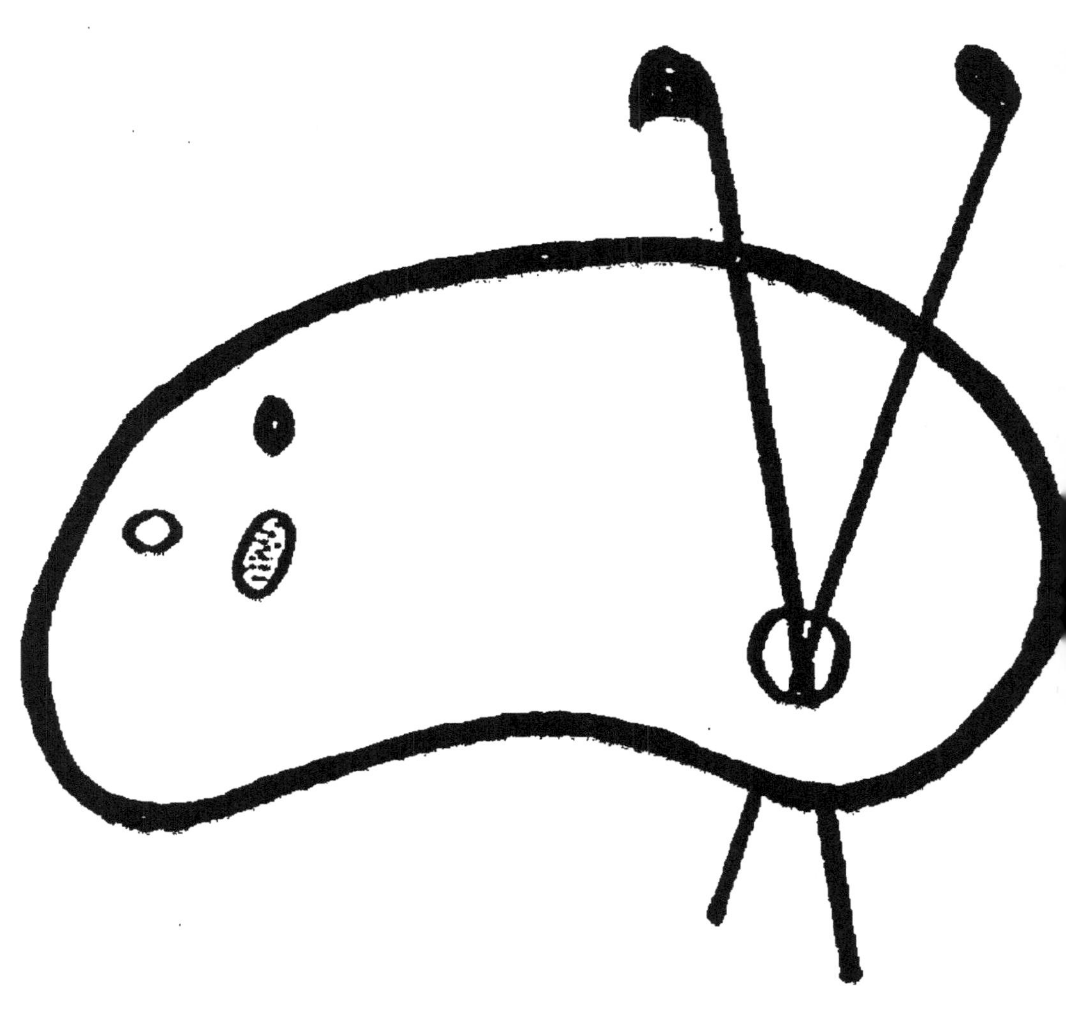

FIN D'UNE SERIE DE DOCUMENTS
EN COULEUR

DÉCOUVREURS

ET

MISSIONNAIRES

DANS

L'AFRIQUE CENTRALE

AU XVIᵉ ET AU XVIIᵉ SIÈCLE

PAR

LE R. P. J. BRUCKER

DE LA COMPAGNIE DE JÉSUS

Extrait des *Études religieuses.*

LYON

IMPRIMERIE PITRAT AINÉ

RUE GENTIL, 4

1878

Une longue et savante communication, dressée par M. L. Cordeiro, secrétaire de la Société de géographie de Lisbonne, à la Société géographique de Lyon, et qui paraîtra sans doute prochainement dans le Bulletin de cette dernière société, nous fait l'honneur de mentionner notre étude sur la *Découverte des grands lacs de l'Afrique centrale et des sources du Nil et du Zaïre au XVIᵉ siècle*. A une appréciation très bienveillante de ce petit mémoire, elle joint deux critiques : l'une porte sur les identifications que nous avons proposées pour les deux grands lacs du Nil de Lopez; l'autre concerne la manière dont nous nous sommes exprimé au sujet de l'influence exercée par la relation de François Alvarez, sur la cartographie du XVIᵉ et du XVIIᵉ siècle. Le travail qui suit prouvera aux savants Portugais que, si nous avon s cru devoir constater « l'influence fâcheuse » de cette relation comme un *fait*, nous entendions en donner la faute, non au vénérable auteur de la *Verdadera informaçam das terras do Preste Joam*, mais aux « cosmographes » qui l'ont mal compris. C'est, du reste, ce que nous disions déjà dans la note qui faisait suite à notre article dans les *Études* de mars 1878. Quant à la première critique, nous pouvons l'accepter, sans nous rendre aux raisons apportées en faveur d'un système différent du nôtre. Nous ne pensons pas que le point en question comporte actuellement autre chose que des conjectures. Nous regrettons de n'avoir pu prendre connaissance de la communication de M. Cordeiro assez à temps pour en tirer parti dans la nouvelle étude que nous publions. Elle ne nous aurait pas, il est vrai, fourni des faits importants à ajouter à ceux que nous avions réunis ; mais elle nous aurait permis de compléter et de renforcer sur quelques points nos documents. Nous en profiterons au moins pour redresser une inexactitude dans nos pages. On lira (p. 5) que Barros ne donne pas le nom des rebelles qui forcèrent le roi de Congo à hâter son baptême : c'est une erreur; car le nom de *Mundequetes*, comme tout ce que nous avons rapporté sur cet incident d'après Maffei, se trouve dans le grand historien portugais. Malheureusement ce passage avait échappé à l'ami, d'ailleurs très consciencieux, qui avait bien voulu se charger de faire pour nous dans Barros les recherches dont nous avions besoin.

DÉCOUVREURS & MISSIONNAIRES

DANS L'AFRIQUE CENTRALE

AU XVIe ET AU XVIIe SIÈCLE

Les belles conquêtes géographiques qui ont si largement accru notre connaissance de l'Afrique centrale depuis vingt ans ont été, à l'insu de leurs auteurs, une sorte de revanche pour la science trop calomniée de nos aïeux. Nous avons dernièrement rappelé quelques textes publiés de 1552 à 1624, pour montrer quelles notions on possédait au xvie siècle sur les grands lacs de l'Afrique centrale et les sources du Nil et du Zaïre[1]. La conclusion qu'impose, à notre avis, la lecture de ces vieux documents, c'est qu'ils contenaient déjà les points les plus importants des *découvertes* modernes. Rappelons en quelques traits les résultats de notre étude.

L'existence au centre du continent africain, entre l'équateur et le 12e degré de latitude australe, d'une grande région lacustre qui renferme les sources principales du Nil, du Zaïre et du Zambèze, a été généralement admise depuis la fin du xve siècle jusqu'au xviiie. D'abord confondues en une seule, les mers intérieures d'Afrique furent peu à peu distinguées à l'aide d'informations plus précises. Ainsi, la curieuse relation d'Édouard Lopez, qui représente l'état des connaissances des Portugais sur l'Afrique centrale dans le troisième quart du xvie siècle, indique expressément la première source du Zaïre dans un lac situé par 12° lat. sud. Si Lopez, par une erreur bien excusable, fait

---

[1] *Études,* livraison de février 1878.

commencer le cours du Nil à ce même lac, il sait cependant que le réservoir principal du fleuve de l'Égypte est sous l'équateur. La ligne suivie par le Zaïre depuis ses sources jusqu'à la mer, et même la position de ses principaux affluents, sont encore indiquées par ce voyageur sous une forme que certaines hypothèses inexactes n'empêchent pas d'être très voisine de la réalité. Dans le bassin du Zambèze, la situation du lac de Maravi ou Nyassa et ses rapports avec le fleuve étaient bien connus il y a 250 ans ; le P. Mariano décrivait très nettement la partie méridionale de ce lac dès 1624.

La mise en œuvre de toutes ces informations par les cartographes de l'époque fut loin d'être heureuse. Pourtant, malgré des erreurs grossières et souvent inexcusables, les cartes du xvie et du xviie siècle donnaient à la région centrale de l'Afrique ses traits les plus caractéristiques, c'est-à-dire ses grands lacs et son réseau de fleuves gigantesques [1]. Vint ensuite le xviiie siècle. Ce redresseur de la crédulité de nos pères supprima les notions reçues au lieu de les rectifier ; le centre africain redevint vide et désert. Ici, comme ailleurs, la critique outrée avait fait rétrograder la science.

Il reste une question à laquelle nous n'avons touché qu'en passant. Jusqu'à quel point ces anciennes notions reposaient-elles sur des explorations directes, dues à des Européens ? Il importe assez de le savoir pour apprécier tout le mérite des relations que nous avons citées, comme pour assurer leurs droits aux premiers découvreurs de l'Afrique centrale. Malheureusement les documents publiés ne donnent plus ici les éclaircissements désirables. Pour le dire en passant, c'est sans doute la difficulté de former leur conviction à ce sujet, qui aura déterminé les Delisle, les d'Anville et autres géographes critiques à élaguer des cartes le Zembre, le Zaflan, le Zachaf, enfin tous ces lacs un peu bizarres du xviie siècle, à l'exception du petit Aquilunda et de l'immense Maravi. Nous ne sommes pas

---

[1] Cette considération seule (nous devons le dire ici pour obvier à quelques malentendus) donne un réel intérêt à des monuments géographiques qui sont fort en retard par d'autres côtés sur leur temps. Ainsi en est-il notamment du globe terrestre de Lyon, dont nous avons aussi entretenu nos lecteurs, mais qui, du reste, a fait un peu plus de bruit qu'il ne méritait.

en mesure d'apporter des documents *inédits* sur la question ; mais il nous semble que tous les éléments de solution n'ont pas été exploités. On peut encore, croyons-nous, en glanant dans les écrits du xvi° et du xvii° siècle, réunir un certain nombre de faits peu remarqués et qui jettent du jour sur le problème. C'est le fruit d'une petite récolte de ce genre que nous présenterons d'abord dans ce nouveau travail.

Les explorations dont nous avons à parler ne sont, à vrai dire, pour la plupart que des essais, des commencements, souvent de simples projets de découverte. Il nous a paru, toutefois, qu'elles ne manquaient pas d'intérêt. Pour qui, dans l'histoire des découvertes, aime à suivre le lent travail des intelligences, l'effort tenace des volontés humaines, la période la plus attrayante n'est-ce pas celle des tâtonnements, la période des précurseurs ?

Les anciens missionnaires catholiques sont au premier rang parmi les précurseurs des grandes découvertes dans l'Afrique tropicale. Il nous sera permis de leur faire une place à part dans cette étude. On ne sait pas encore assez tout ce que la science du globe et de l'humanité doit à ces humbles auxiliaires. On devient même dédaigneux à leur égard, faute de connaître leurs travaux. Il est vrai, les travaux géographiques des premiers missionnaires dans l'Afrique centrale n'eurent point l'éclat de ceux que produisirent leurs confrères d'Amérique ou de Chine ; mais ils n'en forment pas moins une page qu'il ne sera jamais permis d'oublier dans l'histoire des découvertes. Voilà pourquoi il nous paraît opportun de relever les traces presque effacées des voyageurs apostoliques sur les routes que parcourent les explorateurs modernes, et de rappeler les services qu'ils ont su rendre à la science au milieu des labeurs du plus pénible ministère.

I

ESSAIS D'EXPLORATION DES GRANDS LACS ET DE L'INTÉRIEUR
DE L'AFRIQUE, DU QUINZIÈME AU DIX-HUITIÈME SIÈCLE

Serait-il vrai que des soldats portugais ont visité, dès 1491, les bords du « grand lac » de Barros, le *Zaïre-Zembre* où les cartes d'il y a deux et trois cents ans placent la source commune du Nil et du fleuve Zaïre? Bien qu'aucun document ne l'affirme, on pourrait le conjecturer d'un curieux récit qu'on trouve dans les historiens portugais du xvi⁰ siècle. Voici ce qu'il nous apprend [1].

Diogo Cam avait découvert l'embouchure du grand fleuve du Congo (1484) et commencé à nouer des relations amicales avec les indigènes. A l'année 1491 on rapporte l'arrivée des premiers missionnaires [2]. Les fondements d'une église furent aussitôt posés et le roi de Congo se préparait à y recevoir solennellement le baptême. « En ces entrefaites, » raconte Jérôme Osorio, « on apporta nouvelles au roy qu'un certain peuple à lui sujet, habitant en une isle située au milieu d'un *grand lac procédant d'un fleuve nommé Zaïr*, s'estoit revolté de son obéissance, et par courses ordinaires endommageoit grandement le pays voisin. » Le roi voulut aller en personne châtier ces rebelles ; il demanda qu'on avançât son baptême, et, après l'avoir reçu, il partit en faisant porter devant lui un étendard orné de la croix, que Rodrigue de Sousa, chef de l'expédition portugaise, lui avait remis au nom du roi de Portugal. Le P. Maffei, qui rapporte les mêmes faits, ajoute que quelques Portugais se joignirent à l'armée de Congo.

Ce récit est intéressant, parce qu'il nous conduit à l'origine des premières informations que l'Europe ait eues sur les lacs du Zaïre. Mais de quel lac s'agit-il ici? Osorio ne fournit qu'une indication vague. Dans Maffei, au contraire, nous trouvons une description assez étendue, mais qui paraît presque n'être que la

---

[1] Voir Jérôme Osorio, évêque de Sylves, *De rebus Emmanuelis* (II) *regis Lusitaniæ virtute et auspicio gestis*, lib. III (Lisbonne, 1571). Nous citons la traduction française de S. Goulart (*Histoire de Portugal*, in-fol., Genève, 1581, p. 100). — Maffei, S. J., *Historiarum indicarum*, lib. I, p. 13-14 de l'édition d'Anvers, 1605 (première édition à Florence, 1583). Le P. du Jarric, racontant le même incident, traduit presque textuellement Maffei (*Histoire des choses plus mémorables*, etc., seconde partie, liv. III, p. 30, Bordeaux, 1610). — Pigafetta (Phil.), *Relation du Congo*, d'après E. Lopez, lib II, c. ii-iv (Rome, 1591). — Ant. Cavazzi, *Istorica descrittione*, etc , lib. II, n° 105 (Bologne, 1687).

[2] Il y a quelque incertitude sur la chronologie des expéditions de Diogo Cam. On peut voir à ce sujet M. J. Codine (*Bulletin de la Société géogr. de Paris*, 1869, 5⁰ série, t. XVIII, p. 409 et suiv.). La date de l'arrivée des premiers prêtre (1486 ou 1491), leur nombre, leur qualité (séculière ou religieuse, de Dominicains ou de Franciscains), ne sont pas non plus hors de contestation.

traduction du texte de Barros sur le « grand lac, » que nous avons déjà cité. En effet, d'après l'auteur des *Historiæ indicæ*, le lac d'où sortaient les envahisseurs de 1491 n'est autre que le « grand lac, semblable à une mer, d'où naissent le Nil, le Cuama (Zambèze) et le Zaïre. » D'autre part, cependant, il nous apprend une circonstance qui n'est ni dans Barros, ni dans Osorio : le nom des belliqueux insulaires ; il les appelle les *Mundequeli*. Cette information a dû être puisée à bonne source, il n'y a aucune raison d'en douter ; car Maffei écrivait en Portugal et comme historiographe officiel. Or, elle éclaircit le petit problème qui nous occupe. Ces *Mundequeli*, qui figurent dans la Chronique portugaise du P. Tellez sous le nom de *Moleques* [1], sont évidemment le peuple que d'autres informateurs anciens et modernes appellent *Melica*, *N'teka* ou *Baleke* : leur place serait sur la rive droite du Zaïre et dans ses îles, un peu au-dessus des grandes cataractes de l'ouest. [2]

Ces indications diffèrent en quelques points de celles d'Édouard Lopez. Celui-ci, dont nous n'avons pas besoin de faire ressortir l'autorité, nomme comme les auteurs de l'insurrection « certains *Anzicains*, qui habitent sur les deux rives du Zaïre, proche de ses cataractes, *vers le lac*, et dans les îles que le fleuve forme *au-dessous* de ses chutes. » La circonstance importante est que Lopez distingue nettement le fleuve du grand lac d'où il sort ; il ne dit pas que ces rebelles étaient *sortis du lac* pour venir ravager les terres du Congo, il les fait seulement partir d'une région plus ou moins voisine.

---

[1] *Chronica da Companhia de Jesus nos reynos de Portugal*, t. I, l. II, c. xxvii (Lisboa, 1645).

[2] Voir les cartes de M. Petermann résumant l'état des connaissances sur le Zaïre inférieur et les pays avoisinants, dans le *Ergänzungsheft* nᵒ 10, publié en 1862, et *Geographische Mittheilungen*, 1875, nᵒ 1. D'après une légende inscrite auprès du lac Aquilunda, les auteurs de ces cartes paraissent considérer l'Aquilunda comme étant le grand lac qui figura dans l'événement de 1491 et même celui dont parle Barros dans le passage que nous avons reproduit. Devant les témoignages que nous citons, cette opinion est inadmissible. Au reste, il n'est pas difficile de s'apercevoir que la connaissauce des sources originales du xviᵉ siècle a manqué aux savants géographes de Gotha, aussi bien qu'à M. Kiepert ; une preuve entre autres est la part faite à Édouard Lopez parmi les autorités indiquées sur la carte du Congo : un tout petit lac, à la source de la rivière Lelunda, est tout ce qu'on trouve à attribuer au voyageur que la plupart des informateurs sur le Congo jusqu'au xixᵉ siècle, n'ont guère fait que copier.

Nous croyons donc qu'Osorio et Maffei, ou leurs informateurs, ont pris un fleuve pour un lac ; leur « grand lac, » dont les habitants troublèrent la première évangélisation du Congo, ne paraît pas être autre chose que le Zaïre lui-même, le Zaïre dans cette partie moyenne de son cours, qui s'étend sur une longueur d'environ cent lieues entre ses deux rangs de grandes cataractes.

Il n'est pas difficile de concevoir comment cette confusion a pu se produire. On sait que dans le langage des nègres de l'Afrique centrale, au Congo comme chez les Cafres, le nom de « lac, » *nyanza, nyantsa,* peut désigner tout *amas d'eau* considérable, que ce soit un vrai lac ou un fleuve. Même des Européens, jugeant sur une vue rapide, pouvaient le prendre pour un lac immense ce fleuve que M. Stanley nous montre, dans la région dont nous parlons, s'avançant par un lit d'une largeur qui va jusqu'à seize kilomètres, entrecoupé de nombreuses îles dont quelques-unes habitées.

Notre conjecture est corroborée par le passage de Barros que nous avons reproduit, et elle peut servir en même temps à l'expliquer. C'est pour cette dernière raison, et parce que le texte du célèbre historien sur le « grand lac » ne semble pas avoir été bien compris jusqu'à présent, que nous croyons devoir donner quelque développement à cette discussion [1]. Il nous

[1] Il sera sans doute agréable à plusieurs de nos lecteurs de trouver ici le texte original de Barros. Nous en donnons la partie qui se rapporte à notre étude, d'après la seconde édition de Lisbonne, imprimée en 1628 par J. Rodriguez : — Toda a terra quo côtamos por Reyno de Sofala, he hũa grande região que senhorea hum Principe Gentio chamado Benomotápa : a qual abração em modo de ilha dous braços de hum rio que procede do maes notavel lago que toda a terra de Africa tem, mui desejado de saber dos antigos escriptores por ser a cabeça escondida do illustre Nilo, donde tambem procede o nosso Zaire que corre per o Reyno de Congo. *Per a qual parte podemos dizer ser este grão lago maes vizinho ao nosso mar Oceano occidental que ao Oriental. Do mesmo Reyno de Congo se metem nelle estes seis rios, Bancáre, Vūba, Cuyla, Bibi, Maria maria, Zanculo, que são muy poderosos em agoa : afora outros sem nome que o fazem quasi um mar navegavel de muitas velas em que ha ilha que láça de si maes de trinta mil homẽs que vem pelejar com os da terra firme.* — Obligé de suivre la version italienne de Ramusio, nous n'avions pu rendre les passages soulignés avec une entière exactitude ; voici comment il faut les traduire à la lettre : *Par ce côté* (par le côté du pays de Congo) *nous pouvons dire que ce grand lac est plus voisin de notre Océan occidental que de la mer orientale* (des Indes). *Du même royaume de Congo il reçoit ces six rivières, Bancáre, Vamba. Cuyla, Bibi,*

paraît constant que le grand lac de Barros représente *en partie* le Zaïre. On se rappelle que le Tite-Live portugais nomme six « puissantes » rivières qui, du royaume de Congo, se jetteraient dans le « grand lac. » Or ces rivières, autant qu'il est possible de les identifier à présent, ne sont que des affluents du Zaïre. Ainsi le *Vamba* se retrouve dans l'*Umba* d'Édouard Lopez, qui débouche dans le grand fleuve par le nord, près des cataractes, là même où M. Stanley fait aboutir son *Juemba;* le *Bancare* serait le *Bancari* des missionnaires capucins, lequel, venant du sud, se précipite par plusieurs chutes dans le Zaïre, à la limite des provinces de Sundi et de Sogno ; le *Cuyla* répond, si nous ne nous trompons, au nom de « rivière *blanche* » que M. Stanley donne à un autre affluent septentrional du Zaïre, environ 1° 1/2 à l'est du *Juemba*. Le *Zanculo* ressemble fort au *Sankuru*, qui doit mettre le lac de même nom en rapport avec le Zaïre ; mais ceci est déjà plus conjectural. Pour le *Bibi (Kassabi ?)* et le *Mariamaria* (rivière des *Maias* = Coango, *Ibari* de Stanley?), nous n'osons rien affirmer.

Le grand lac de Barros, ainsi que le *Zaïre--Zembre* des cartes qui en dérive, représentait donc le Zaïre fleuve dans son cours moyen ; mais gardons-nous de conclure qu'il ne représentait rien autre chose. Comme nous l'avons déjà exposé, à cette immense mer intérieure correspondaient, dans la réalité, plusieurs grands réservoirs distincts de fait, mais que les Portugais n'avaient pas su distinguer d'après les descriptions des divers informateurs indigènes. L'information n'en avait pas moins son prix. Nous aurions pu, à ce sujet, faire un rapprochement avec le fameux *Nyassa* de MM. Rebmann et Erhardt. On sait comment ce lac hypothétique, dessiné d'après les indications des marchands arabes sur une longueur de six degrés à l'ouest de Mombaza, et présenté à la Société géographique de Londres en 1855, décida l'envoi des célèbres explorateurs Burton et Speke. Ceux-ci, en fouillant la région dési-

---

Mariamaria, Zanculo, qui sont très puissantes en eaux : sans parler d'autres sans nom qui le rendent comme une mer navigable pour nombre de voiles (de vaisseaux), dans laquelle il y a telle île d'où il sort plus de trente mille hommes qui viennent faire la guerre à ceux de la terre ferme.

gnée, y découvrirent, non pas *un*, mais deux grands lacs, le Tanganyika et l'Ukéréwé. Si différent que fût le résultat de celui qui avait été annoncé, Speke n'hésita point à proclamer les missionnaires protestants de Mombaza comme les premiers et principaux promoteurs de cette découverte (*the prime and first promoters*).

Il n'y avait pas, au xviᵉ siècle, de Société de géographie pour sauver les informations nouvelles de l'inattention et de l'oubli, ni pour fournir aux découvreurs les moyens de poursuivre et d'achever les explorations incomplètes. Ce fut certainement une des causes principales qui empêchèrent les découvertes que nous relevons de porter tous leurs fruits. Cependant le « grand lac, source du Nil et du Zaïre », ne laissa pas que de provoquer un mouvement analogue à celui dont le Tanganyika et les Nyanzı sont l'objet de nos jours. L'historien d'Emmanuel II, à l'endroit que nous avons déjà indiqué, atteste combien ce « grand lac ·», dès le premier bruit qu'on en eut, excita vivement l'intérêt des Européens. La campagne du roi néophyte ayant été heureusement terminée, Sousa remit à la voile pour le Portugal; mais, dit l'historien, « il fit demeurer les prestres en ce royaume, *et quelques autres pour visiter et descouvrir le pays tant en sa situation que largeur et longueur, specialement ce lac duquel nous venons de parler, et conoistre les mœurs et la façon de vivre des habitans.* » Ainsi était organisée pour la première fois, il y a 387 ans, une exploration en règle de l'Afrique centrale. Nous ne savons pas quel en fut le résultat; mais il est permis de penser que cette première étude, sous quelque forme qu'elle ait eu lieu, n'a pas été sans influence sur les idées que nous voyons surgir peu d'années plus tard, par exemple sur la croyance aux rapports du Zaïre avec le Nil.

L'idée de la connexion des deux fleuves fut suggérée à la fois par la ressemblance qu'ils ont sous divers rapports, et par la convergence des lignes qui marquent leur cours. En tout cas, on la trouve admise dès 1519 dans la géographie du temps[1]. Et déjà Emmanuel II, aspirant, comme son père Jean II, à

---

[1] Elle est enseignée dans la *Suma de geografia* du voyageur espagnol Enciso, qui parut en 1519 (*Proceedings of the R. Geographical Society*, vol XIII, p. 300).

entrer en rapports étroits avec l'empereur chrétien d'Éthiopie, voulut mettre à profit le chemin naturel que paraissaient offrir le Zaïre et le Nil, communiquant par un même réservoir. Il avait rencontré pour l'exécution de son dessein un instrument d'une rare valeur [1]. En 1520, on vit arriver à Lisbonne un ancien capitaine de la flotte portugaise des Indes, nommé Georges de Quadra, qui venait de traverser la plus étonnante odyssée. Ayant été jeté par une tempête sur la côte arabe d'Aden et réduit en esclavage, il avait eu le loisir d'apprendre à fond la langue et les usages des Arabes. Rendu enfin à la liberté, il s'était mis en tête de visiter tous ces pays d'Orient qui avaient pour l'ancienne Europe un si vif attrait de curiosité. Afin de voyager avec plus de sécurité, « il contrefit le Sarrasin et se monstra au dehors fort affectionné à la secte de Mahomet. » Grâce à cet artifice, dont sa religion peu éclairée ne lui montrait peut-être pas l'irrégularité, mais qu'il pleura plus tard, dit l'historien, avec abondance de larmes, il put voir la Mecque et l'Arabie, Damas et la Syrie, puis l'Égypte, l'Éthiopie, où il visita les « sources du Nil, » enfin la Perse. Après avoir « rôdé » tout à son aise, « marquant de l'œil et en son esprit bon nombre de particularitez, » il alla retrouver ses compa-triotes à Ormuz, dans le golfe Persique, d'où il repassa dans l'Inde, puis en Portugal.

Presenté au Roy, il lui fit un ample discours de ses pelerinages, re-cherches et observations : notamment de ce qu'il avoit voyagé par toute l'Ethiopie qui est au-dessous de l'Egypte, et comme il s'estoit ren.u près d'un *grand lac, d'où le Nil découle,* puis traverse l'Egypte : quelles estoyent les façons, loix et coustumes des chrestiens d'Ethiopie, l'assiete d'Egypte, les mœurs des Arabes, la manière de vivre des Per-ses. Le Roy print singulier plaisir à ce discours, lequel se rapportoit entièrement au dessein que le Roy bastissoit sur l'Arabie et l'Ethiopie [2].

---

[1] Pour ce qui concerne ce projet d'Emmanuel et les faits relatifs à George de Quadra, nous suivons encore Osorio (*De rebus Emmannelis,* etc., lib. XII, n° 7, p. 455-457 de la traduction de Goulart). Damien de Goes, dans sa *Chronica d'El-Rei D. Manuel* (1566-1567), avait aussi parlé de l'expédition de Quadra, et c'est d'après lui que la mentionne M. de Lacerda (*Exame das viagens do Dr Living-stone,* p. 363. Notre voyageur est ici nommé *Gregorio* de Quadra).

[2] M. Ferdinand Denis s'exprime ainsi sur ce dessein. « Il (D. Manoel) avait deviné dès l'origine que, si des richesses immenses pouvaient lui arriver des Indes, il fallait en détourner les sources et arracher aux musulmans le commerce qu'ils fai-

Or, présumant que *l'on pourroit passer du royaume de Congo jusques à ce lac d'où le Nil sort*, il fit de grandes promesses à Quadre, desja tout disposé à tel voyage pour aller descouvrir ce chemin. Il l'envoya donc en Congo avec lettres pour obtenir congé d'aller aux *sources du Nil*, et de là visiter le grand Negus. Estant arrivé au port de Congo, et amené au Roy qui le recueillit de bon œil, il ne pût toutesfois obtenir congé de poursuivre son voyage, et ce par la malignité des Portugallois qui lors gouvernoyent le Roy de Congo : tellement qu'il fut contraint retourner en Portugal, et trouvant Emmanuel mort, se rendit cordelier, et vescut le reste de ses jours en cest habit, avec apparence de grande saincteté.

La « malignité » des Portugais subalternes qui fit avorter l'expédition de Quadra était probablement de la jalousie ; d'autres aventuriers briguaient peut-être l'honneur de faire la découverte « du grand lac ». En tout cas, le projet d'Emmanuel II lui survécut et ne fut point enseveli dans la retraite de son envoyé. Cela résulte de quelques pièces inédites des archives portugaises que le R. P. Duparquet, missionnaire français au Loango, a fait récemment connaître[1].

Dès 1526, Balthazar de Castro écrivait (du Congo) au roi de Portugal (Jean III) que *D. Alphonse (roi du Congo) voulait enfin s'occuper activement de la découverte de ce qu'il y avait au haut de ce fleuve (le Zaïre) et qu'il était tout à fait certain que cette navigation était possible*. Le même Castro suppliait D. Jean d'écrire au roi de Congo pour le prier de le charger lui-même de l'entreprise. Dix ans plus tard, le 28 mars 1536, Manuel Pacheco écrivait au roi D. Jean que *D. Alphonse le retenait au Congo pour lui faire construire deux brigantins au-dessus de la cascade du fleuve pour de là aller découvrir le lac* et il termine ainsi sa lettre : « J'écris avec soin chaque année à Alphonse de Torrès, au facteur *(feitor)* et aux officiers que cela regarde, d'envoyer ici beaucoup de navires avec des pilotes et des matelots qui ne soient point des trafiquants. Le roi de Congo a déjà maintenant du bois travaillé pour *deux brigantins* et il me fait grandement

saient avec Calicut dés les premières années de son règne. Il savait, assez vaguement sans doute, mais enfin il savait *que ses véritables ennemis étaient ces Arabes du golfe Persique,* qui dés l'origine avaient excité la haine du Samori » (contre les Portugais) (*Portugal*, p. 168). Dans l'empereur chrétien d'Éthiopie, le roi de Portugal comptait trouver un utile allié pour ses entreprises contre les Arabes. Cette politique continuait celle dont le célèbre prince Henri de Viseu s'était fait l'inspirateur et qu'il servait par les expéditions nautiques dont il fut l'âme, dés le commencement du xve siècle. (Cf. *Études*, 5e série, t. X, p. 572.)

[1] *Bulletin* de la Société de Géographie de Paris, 1876, 6e série, t. XII, p. 123.

espérer que cette année *on va faire la découverte du lac.* Je ne sais ce qui aura lieu, mais il m'est impossible d'attendre plus longtemps que cette année ; car si on ne fait pas maintenant cette découverte, on ne la fera jamais.

Ces dernières paroles paraissent avoir été malheureusement prophétiques : du moins nous ne trouvons aucun indice laissant supposer que le projet tant agité ait fini par aboutir ; s'il a reçu quelque exécution, le résultat en est demeuré inconnu.

N'oublions pas de donner à la France sa part si petite qu'elle soit, dans ces tentatives pour explorer le Zaïre et son grand lac. Le P. Merolla, missionnaire capucin du xviie siècle, nous apprend qu'un capitaine français, qu'il a entretenu au Congo et dont il raconte les curieuses aventures, avait sur son navire remonté le Zaïre jusqu'à Sogno « pour voir la fameuse rivière et tenter par cette voie de pénétrer dans le royaume des Abyssins[1]. » Si notre compatriote a poussé plus loin, ce que nous ignorons, l'aspect des cataractes n'aura pas tardé à lui rendre sensible l'impossibilité de l'entreprise telle qu'il l'avait conçue.

Tous les essais d'exploration dont nous avons parlé jusqu'à présent ont eu pour point de départ la côte occidentale de l'Afrique. Mais les Portugais ont eu des établissements sur la côte orientale depuis Sofala jusqu'à l'équateur dès le commencement du xvie siècle, et il est naturel qu'ils aient eu également connaissance des grands lacs par ce côté. De fait, Barros, en 1552, dit positivement que ses informations sur le « grand lac » avaient été obtenues en partie par cette voie[2], et plusieurs de celles de Lopez révèlent une origine semblable. Dans les premières années du xviie siècle, comme nous l'avons vu à propos de la lettre du P. Mariano sur le Nyassa, l'existence d'un lac commençant au nord-est de Tete, à environ 33 lieues (180 kilom.) du Zambèze, et s'étendant très loin vers le nord, était au moins soupçonnée en Europe ; vers la fin du même siècle, on croyait savoir que ce grand lac arrivait jusqu'à la

---

[1] *Histoire générale des voyages,* par l'abbé Prévost, t. IV, p. 568.

[2] Parlant de l'étendue de son grand lac, il écrit : « Segundo a informação que temos *per via de Congo et de Sofala,* terá de comprido maes de cem legoas. » Déc. I, lib. X, c. 1.

latitude de Mombaza (4° S.), et en 1727 d'Anville n'hésitait pas à consigner cette donnée sur ses cartes. Mais quelque Européen a-t-il essayé d'atteindre les mers intérieures par cette voie orientale, du xvi⁰ au xviii⁰ siècle ?

Nous trouvons le souvenir d'une tentative de ce genre dans une de ces *Relations* des missions, qui renferment si souvent des renseignements du plus haut prix pour la géographie et l'histoire. Celle que nous allons citer a été rédigée, sur les lettres des missionnaires, par le P. Fernam Guerreiro, et publiée en 1611 à Lisbonne ; elle contient l'histoire des missions des jésuites de Portugal dans le Japon et la Chine, durant les années 1607-1608 et dans les Indes et l'Afrique de 1608 à 1609[1]. A la suite des chapitres consacrés à l'Ethiopie, on remarque une *Notice de quelques églises, rivières, lacs les plus notables d'Ethiopie et des nombreux royaumes dont se compose ce grand empire*[2]. Cette notice, transmise par les missionnaires d'Ethiopie à leurs frères de Portugal, pour être communiquée aux « curieux, » repose sur les informations d'un capitaine portugais, nommé Jean Gabriel, qui avait parcouru l'Abyssinie en tous sens, tandis qu'il servait les empereurs de son épée. Son aperçu géographique embrasse non seulement les provinces où s'étendait le pouvoir du *Négus*, alors beaucoup plus considérable qu'aujourd'hui, bien que déjà réduit, mais encore les pays et les peuples voisins.

Pour en revenir au point qui nous intéresse maintenant, parmi les quatre fleuves principaux qui arrosent l'Éthiopie, Jean Gabriel nomme le *Gabeà*, « dont le cours, dit-il, va aboutir à la côte de Mombaza (4° lat. S.) ou proche de là. » L'observation

[1] En voici le titre : *Relaçam annal das cousas que fizeram os Padres da Companhia de Jesus, nas partes da India oriental, e em algũas outras da conquista deste Reyno nos annos de 607 et 608... Tirado tudo das cartas dos mesmos Padres que de là vierão, e ordenado pello Padre Fernão Guerreiro da Companhia de Jesus, natural de Almodocar de Portugal.* Cette relation a été traduite en espagnol par Christoval Suarez de Figueroa (Madrid, 1614). Le traducteur ayant omis d'indiquer le nom de l'auteur original, c'est à lui-même que l'ouvrage est parfois attribué (par exemple par le savant M. Desborough Cooley). Le P. Guerreiro a donné des Relations semblables pour les années 1600-1603. Elles sont traduites presque textuellement dans l'*Histoire* du P. du Jarric, t. III, liv. V et VI (Bordeaux, 1614).

[2] *Relaam*, etc., liv. I, c. xv, p. 57-62; du Jarric, liv. V, ch. xxxi, p. 225.

qui suit est-elle encore du capitaine portugais ou appartient-elle aux missionnaires jésuites? Il peut y avoir quelque doute là-dessus, mais en tout cas c'est sur cette observation que nous voulons appeler l'attention. « On tient, » est-il ajouté, « que c'est dans ce fleuve (le *Gabea*) que quelques Portugais, de ceux qui parcouraient la côte de Mélinde et les environs de Mombaza, entrèrent au temps où dom Duarte de Menezes était vice-roi de l'Inde, et dont ils remontèrent le courant pendant onze jours, *avec le dessein de découvrir le lac d'où ils avaient entendu dire (tinham algua noticia) que la rivière sortait*, après quoi ils s'en retournèrent. Et peut-être (ceci est certainement une réflexion du P. Guerreiro), s'ils avaient poussé plus avant, on connaîtrait aujourd'hui le chemin qu'on désire tant découvrir pour pénétrer plus facilement en Éthiopie. »

Nous ne nous arrêterons pas à chercher quel peut être le fleuve que remontèrent ces Portugais curieux. Il devait être différent du *Gabea*; car celui-ci paraît être le *Zebeè* des anciens missionnaires jésuites, lequel prend sa source dans les montagnes de la Haute-Éthiopie (dans le pays d'Énarea); et ce Zebeè, qui est certainement le Ghibé des voyageurs et missionnaires contemporains, forme probablement le cours supérieur du *Jub* ou *Juba*, qui débouche dans l'océan Indien 4° au nord de Mombaza. Le fait à retenir du court passage que nous venons de citer, c'est que, dès le premier quart du xvi° siècle (Édouard de Menezes fut vice-roi de l'Inde de 1521 à 1524), des explorateurs portugais ont cherché un grand lac à l'ouest de Mélinde et de Mombaza, c'est-à-dire dans la direction des réservoirs équatoriaux du Nil. On peut objecter, il est vrai, que les informations qui ont déterminé cette recherche ne se rapportaient pas nécessairement à l'Ukéréwé (Victoria) ou au Mwoutan (Albert Nyanza); de fait, il existe plusieurs autres lacs moins considérables, tels que le *Jipe* et le *Chala* (Tchala), dans les montagnes côtières, à 180 ou 200 kilomètres seulement de Mélinde et de Mombaza. Quoi qu'il en soit, nos Portugais croyaient, sans nul doute, aller à la découverte d'un lac du Nil. Pour un lac vulgaire auraient-ils entrepris et poursuivi pendant onze jours une expédition qui dut certainement offrir de graves difficultés[1]? Aussi bien, on mettait alors en relation avec le Nil tous les lacs qu'on soupçonnait à l'intérieur de l'Afrique.

Le compilateur hollandais Dapper mentionne, d'après des auteurs portugais qu'il ne nomme pas, d'autres expéditions analogues et qui pourraient avoir eu le même but que celle que nous rappelons. Parlant du fleuve *Quilmanci* ou *Obi*, qui se jette dans la mer près de Mélinde : « Quelques-uns, dit il, l'identifient avec le Zebeé d'Abyssinie, mais d'autres témoignent qu'on n'a jamais pu avoir parfaite connaissance de son origine, *parce que tous ceux qu'on a envoyés pour l'explorer ont été forcés par les indigènes de rebrousser chemin ou même ont été massacrés[2]*. »

Pour le dire en passant, on voit par ce dernier témoignage que la géographie de l'Afrique centrale n'a pas eu ses premiers « martyrs » dans notre siècle. Et ceci nous amène à une observation par laquelle nous terminerons notre aperçu des premières expéditions aux grands lacs. Si la plupart de ces explorations demeurèrent à l'état de tentatives, si leurs résultats furent si faibles, gardons-nous néanmoins de traiter avec dédain ces efforts d'un âge moins heureux que le nôtre. Songeons plutôt aux difficultés de toutes sortes qui entravent encore aujourd'hui l'exploration de l'Afrique centrale ; rappelons-nous les échecs, les désastres qui ont frappé de nos jours tant d'expéditions, même des plus richement dotées et des plus savamment organisées : puis

---

[1] Cette appréciation est confirmée par la Relation d'Edouard Lopez qui, en 1591, plaçait « vers les confins de Mélinde » un lac Coloé d'où sort une branche du Nil et qui se déverse aussi dans l'océan Indien près de Mélinde. (Voir le passage cité dans notre premier travail). L'analogie de *Coloé* (c'est aussi le nom d'un lac du Nil pour Ptolémée) et de *U-kerewé* est séduisante (*u* n'est qu'un préfixe indiquant un pays, une *île* dans le cas présent ; *r* et *l* s'échangent continuellement dans les langues africaines). « On tient, » dit Jean Gabriel, que le lac cherché par les Portugais vers 1521 était un lac d'Éthiopie, appelé *Zella*, qui se trouve dans le royaume d'*Occié* (pays de Guraghé), dans le sud-est de l'Abyssinie. Ce serait celui qui figure sous le nom de *Zoai* ou *Zarai* sur les cartes des missionnaires jésuites et de d'Anville. Mais il n'y a là qu'une conjecture, fondée probablement sur une appréciation trop faible de la distance de Guraghé à la côte de Mélinde.

[2] *Description de l'Afrique* : Basse Éthiopie, pays de Zanguebar (Amsterdam, 1670). — La rivière *Obi*, appelée *Quilmanci* à son embouchure par les Arabes (comme dit Barros, Dec. I, l. VIII, c. IV), est aujourd'hui marquée sur les cartes sous le nom de *Sabacki*. — *Obi* n'est pas autre chose, croyons-nous, que *Wobi*, le nom générique pour « rivière » chez les tribus indigènes de la région dont il est ici question.

nous comprendrons que les plus humbles précurseurs des découvreurs modernes méritent de nous le respect et un peu de reconnaissance.

Cependant, nous nous sommes peut-être trop arrêté sur des précurseurs obscurs. Aussi nous ne dirons qu'un mot d'une série d'entreprises qui se rattachent à l'exploration de l'Afrique intérieure, mais qui ont laissé encore moins de traces que les expéditions aux grands lacs. Il s'agit des essais de *traversée du continent africain*. Il serait étonnant que les Portugais, possédant des colonies si étendues sur les deux côtés opposés du littoral, n'eussent pas cherché à les mettre en communication par l'intérieur. De fait, leurs gouvernements ont ordonné à plusieurs reprises des expéditions pour explorer et frayer la route de l'ouest à l'est. Sans parler de la mission confiée à George de Quadra en 1520, on nomme plusieurs gouverneurs d'Angola, qui s'occupèrent, avec plus ou moins de zèle, de réaliser ce grand dessein. Nous n'insistons pas sur les tentatives peu connues qui eurent lieu au XVII* siècle, à partir de 1606, puis encore au XVIII*[1]. Les voyages plus récents sortent de notre cadre ; cependant nous devons au moins mentionner l'expédition de Francisco José de Lacerda, qui parvint (en 1798) de Tete, sur le Zambèze, jusqu'à la résidence du *Cazembe*, chef nègre du pays de *Lunda* ou *Lucenda*, entre le lac Bangweolo et le Moero ; puis le remarquable voyage des deux *pombeiros* métis, Pierre-Jean-Baptiste et Joseph, qui passèrent d'Angola à Tete par terre durant les années 1806-1811, et exécutèrent ainsi le grand œuvre de la traversée de l'Afrique centrale cinquante ans avant Livingstone[2]. Lacerda fut le premier voyageur

---

[1] Lacerda, *Exame*, etc., p. 358. Cf. p. 331.

[2] Le journal de voyage rédigé par Lacerda depuis Tete jusqu'à la résidence du Cazembé, avec la continuation par l'aumônier de l'expédition, le prêtre François-Jean Pinto, à qui Lacerda mourant avait délégué le commandement, furent publiés à Lisbonne en 1811 et 1845, dans les *Annales maritimes et coloniales*, recueil et partie officiel. Le pombeiro (trafiquant indigène en sous-ordre) Pierre-Jean-Baptiste rédigea aussi jour par jour son itinéraire (*roteiro*), avec des mémoires (*lembrança*) sur les principaux incidents de son voyage : le gouvernement portugais les avait fait publier dès 1843 dans le même recueil. Livingstone ne paraît pas avoir pris la peine de consulter directement ces documents : on ne peut que lui en faire un reproche. C'était une faiblesse du célèbre voyageur écossais de rabaisser tout ce qui avait pu être accompli avant lui par les Portugais : il est vrai qu'il connaissait fort mal leurs

savant, au sens moderne du mot, qui ait pénétré au centre de l'Afrique ; il jalonna tout son itinéraire d'observations astronomiques. Son voyage, celui des *pombeiros*, et quelques autres encore qui précédèrent les expéditions anglaises, suffisent pour assurer au Portugal d'une manière incontestable l'honneur d'avoir devancé tous les peuples européens, non seulement sur les côtes, mais aussi dans l'intérieur mystérieux de l'Afrique équatoriale [1].

Des Portugais auraient-ils traversé le terrible continent avant les deux métis de 1806, et peut-être dès le xvi° siècle, comme on l'a quelquefois affirmé? nous l'ignorons et nous ne le croyons pas ; il faudrait, chose peu vraisemblable, qu'un fait si extraordinaire eût passé complétement inaperçu [2].

travaux. La Société géographique de Londres a mieux servi la vérité et même l'honneur anglais en donnant une publicité plus grande aux principales découvertes portugaises. C'est sous les auspices de cette Société que le capitaine Burton, lui-même voyageur illustre, a réédité à Londres, en 1873, les journaux de Lacerda, des pombeiros, et de Gamitto, qui accompagna le major Monteiro auprès du Cazembe en 1831. Le savant écrivain qui porte aussi le nom de Lacerda donne des indications assez détaillées sur ces voyages portugais et les autres plus récents, surtout dans les chap. xi et xii de son *Examen des Voyages de Livingstone*. De plus, on trouve, dans ses Notes en forme d'appendices, un certain nombre de pièces intéressantes relatives à ces expéditions. Les *Mittheilungen* de M. Petermann, année 1870, contiennent une *carte des voyages portugais dans l'Afrique centrale depuis 1798*, composée d'après les documents portugais (carte n° 9).

[1] En accordant leur juste part de priorité aux Portugais dans l'exploration de l'Afrique, nous devons rappeler que cette priorité ne s'étend pas à la découverte des parties septentrionales et occidentales de l'Afrique intertropicale. Les marins italiens, et spécialement les Génois, puis les Espagnols (Catalans) et les Français (Normands) ont précédé d'assez loin les Portugais dans les îles d'Afrique et sur les côtes de Guinée. Nous avons résumé les principaux documents sur ce sujet dans les *Études* de 1870 (5° sér., x, p. 9 suiv.). Dans le même article, nous avons entretenu nos lecteurs du voyage d'un « Frère mendiant espagnol » du xiii° ou du xiv° siècle, qui aurait parcouru l'Afrique occidentale depuis le Maroc jusqu'au golfe de Benin, puis traversé tout le continent de l'ouest à l'est, en passant par les pays nègres, jusqu'à Dongola en Nubie, d'où il serait remonté par la vallée du Nil, pour reprendre la mer à Damiette. Cette expédition non moins extraordinaire que celles de Livingstone, de Cameron, de Stanley, n'était alors connue que par des indications très sommaires, contenues dans l'*Histoire de la conquête des Canaries par le sire de Béthencourt* (1402-1422). Le manuscrit de la relation originale du Frère voyageur vient d'être retrouvé en Espagne, où il a été publié par M. Jimenez de la Espada. M. Deloncle, à Lyon, doit en donner une traduction française.

[2] La correspondance entre Lacerda et le gouvernement qui l'envoyait, vers 1798, « découvrir ou vérifier la possibilité d'une communication entre les deux côtes occidentale et orientale d'Afrique, » prouve que le problème demeurait entier à la fin du xviii° siècle (Lacerda, *Exame*, p. 331, 334 et note 22°, p. 535).

Il est bien probable, en revanche, que la plus grande partie
de la largeur de l'Afrique a été franchie plus d'une fois par de
hardis aventuriers et surtout par des marchands. Entraînés par
l'appât d'un gain énorme, et favorisés par la convoitise qui dans
le principe faisait rechercher aux plus féroces des indigènes le
commerce avec les blancs, les trafiquants portugais ont pu pénétrer dès le xvie siècle jusqu'au centre du continent, atteindre
même la région des grands lacs. Du moins il est hors de doute
qu'ils exploitent depuis longtemps, soit par eux-mêmes, soit
par leurs agents indigènes, noirs ou métis, des contrées dont
l'Europe n'avait hier encore aucune connaissance précise. Par
ces courses lointaines et à l'aide de ces relations si étendues,
combien ces marchands auraient pu hâter les progrès de la
géographie africaine ! Certainement, ils ont rendu des services
à la science, surtout durant cette première période de la coloni-
sation où l'âpre jouissance du lucre n'avait pas encore étouffé
toute aspiration idéale ; car il y eut un temps où tout Portugais
lancé sur le sol inconnu de l'Afrique ambitionnait d'être un peu
découvreur, de même que tous tenaient à honneur d'être un peu
missionnaires. La relation de Lopez est le fruit principal de cette
période ; mais après cela, dans le cours de trois siècles, la géographie ne reçoit plus rien des trafiquants portugais ; la science
en a souffert, et aussi la gloire du Portugal.

Heureusement les missionnaires vinrent en Afrique, comme
partout, sur les mêmes navires qui amenaient les *conquista-
dores* et les marchands. Ces conquérants pacifiques, en gagnant
les régions barbares à la civilisation chrétienne, les gagnèrent
en même temps à la science : c'est à eux surtout qu'appartient
l'honneur d'avoir fait porter leurs fruits aux grandes découvertes du xve et du xvie siècle.

II

LES MISSIONNAIRES DANS L'AFRIQUE CENTRALE

Quand même les missionnaires catholiques n'auraient fait
que peu de chose pour la géographie de l'Afrique centrale, ils
n'auraient pas besoin d'apologie. Ils ne mériteraient aucun

blâme pour avoir négligé les intérêts de la science, afin de se dévouer plus complétement à leur pénible ministère. Nous rappellerons, s'il en est besoin, aux géographes un peu fanatiques que le but essentiel du prêtre, du missionnaire, est le *salut* des âmes et qu'ils seraient coupables de le subordonner à un but humain, si relevé soit-il, comme est la science. Après tout, à considérer les choses avec le simple bon sens, l'apostolat catholique, qui est l'œuvre civilisatrice et *philanthropique* par excellence, n'est-elle pas digne de primer toute autre occupation ? Et que pèsent tous les intérêts inférieurs dont la géographie est la servante, intérêts du commerce ou intérêts de la science, quand on les met en balance avec les intérêts moraux et spirituels de la portion même la plus dégradée du genre humain ?

Il ne faut pas perdre de vue ces principes, si l'on veut apprécier équitablement l'œuvre géographique ou en général l'œuvre scientifique des missionnaires. Mais, du reste, même dans l'Afrique centrale, les apôtres catholiques peuvent montrer avec quelque fierté ce qu'ils ont fait pour la science, et notamment pour la géographie, au milieu des difficultés exceptionnelles de l'évangélisation des nègres. Jetons un rapide coup d'œil sur ces travaux.

Commençons par le Congo. Tous les géographes connaissent les Relations si remplies de faits, naïvement, mais consciencieusement observés, où les capucins italiens du xviiᵉ siècle, tout en racontant leurs missions, ont décrit les pays compris entre le Zaïre, le Coango et le Coanza et une partie des contrées voisines [1].

M. Petermann a tracé sur ses cartes, d'après les Relations,

---

[1] Nous nous bornons à indiquer les noms des auteurs avec la date de la première publication de leurs Relations ; on trouve les titres dans tous les dictionnaires de biographie : Jean-François de Rome (Rome, 1648 ; traduction française, Lyon, 1649) ; Michel-Ange Guattini de Reggio avec Denis Carli de Plaisance (Reggio, 1672) ; Denis Carli seul (Bassano, 1687) ; Antoine Cavazzi de Montecuccolo (Bologne, 1687) ; Jérôme Merolla de Sorrento (Naples, 1692) ; Zucchelli de Gradisca (Venise, 1712). La relation écrite par le P. Cavazzi sur l'ordre de la S. Congrégation romaine de la Propagande est de toutes la plus importante pour l'étendue et l'abondance des faits. Elle a été traduite en français librement et avec des retranchements regrettables par le P. Labat, dominicain (*Ralation historique de l'Éthiopie occidentale*, Paris, 1732 ; cartes par d'Anville).

les itinéraires suivis par quelques-uns de ces zélés apôtres. On
y remarque la route du P. Jérôme de Montesarchio, qui, après
avoir parcouru tout le royaume de Congo du sud-ouest au nord-
est, prêchant partout et administrant les sacrements, traversa
le Zaïre et pénétra dans les pays des cannibales, jusqu'aux por-
tes du roi de *Micocco*, souverain des *N'teka* et des *Anziki*.
Son but, dans ce voyage qu'il répéta deux fois (vers 1652),
était d'aller annoncer l'Évangile à ce roi fameux, qui lui avait
fait savoir son désir de voir un prêtre européen. Avant lui, un
de ses confrères, le P. Bonaventure d'Alessano, avait formé le
projet, que la mort vint rompre, de traverser ce même pays du
Micocco pour se rendre en Abyssinie[1]. On peut nommer parmi
les plus intrépides de ces voyageurs apostoliques le P. Antoine
Cavazzi de Montecuccolo qui, après avoir passé près de vingt
ans (1654-1667) dans les missions du Congo, consacra les
loisirs de deux années de relâche à sa remarquable *Description
des trois royaumes de Congo, Angola et Matamba*. Son zèle
s'était exercé principalement dans les états de la célèbre Zin-
gha, reine de Matamba, et parmi les féroces Jagas. L'histoire
de cette Penthésilée nègre et la description des mœurs et coutumes des Jagas forment des chapitres extrêmement curieux
dans son ouvrage. C'est surtout le P. Zucchelli (1689-1702)
qu'il faut lire, si l'on veut se rendre compte de toutes les difficultés de ces missions et comprendre pourquoi le succès y ré-
pondit rarement à la grandeur des efforts.

Bien avant les capucins et ensuite avec eux, des missionnaires appartenant à presque toutes les congrégations religieuses
se dépensèrent avec un zèle égal pour le progrès spirituel et
matériel des nègres. Les dominicains et les franciscains étaient
venus au Congo les premiers, dès 1486 ou 1491. Les jésuites
furent appelés dans le même pays en 1547, quelques années
seulement après la création de leur Compagnie; en 1560, ils
fondèrent la mission d'Angola : le P. François de Gouvea dut

[1] Sur le P. Jérôme de Montesarchio, v. Cavazzi, *Istorica descrittione*, etc.,
lib. IV, n° 113-145. Il mourut au Congo en 1668. — Sur le P. Bonaventure d'Alessano, v. Cavazzi, l. III, n° 100. Ajoutons la mission du P. Bernardin Ughero au
Loango en 1663 (ibid., l. V, n° 54).

l'inaugurer par quinze ans de captivité à *Dongo* ou *Cabassa*, résidence du roi nègre, située à environ cent lieues de la côte et à soixante lieues du Coanza. En 1660, le P. Antoine Veras baptisait le puissant chef de Cassange, dans la vallée du Coango. Pendant plus d'un siècle, nos Pères parcoururent en tout sens les contrées de Congo, d'Angola et de Benguela [1].

Il nous sera permis de le dire après les biographes les plus consciencieux, parmi les hommes que la Compagnie de Jésus sacrifiait à cet obscur et rude apostolat, on rencontra plus d'une fois des intelligences de premier ordre associées à des cœurs héroïques. Tel était le P. Balthazar Barreira, un thaumaturge également vénéré des nègres et des Portugais, qui devint lui-même une sorte de miracle vivant, lorsque, à l'âge de soixante-six ans et ayant déjà donné neuf années à la mission d'Angola (1580-1589), il retrouva toute l'ardeur d'un jeune homme pour fonder une nouvelle mission sur les côtes de Sénégambie et de Sierra-Leone (1604). Pendant trois ans encore, il porta l'Évangile sur les bords de la Gambie, du Cacheo, du Rio Grande et dans les montagnes de Sierra-Leone. Les lettres qu'il adressait de ces pays à ses frères de Portugal, surtout pour stimuler leur zèle en faveur des pauvres nègres de Guinée, sont souvent riches d'informations curieuses sur les peuplades qu'il évangélisait. Nous croyons qu'elles offriraient encore aujourd'hui de l'intérêt aux ethnographes. On peut y remarquer, notamment, les détails sur les *Mandingues*, ces agents fanatiques de la propagande du mahométisme qu'ils venaient d'embrasser depuis peu d'années; sur les cannibales *Çumbas* ou *Manes*, etc [2].

---

[1] Les missionnaires Jésuites sont les seuls, avant les Capucins, qui aient donné quelques détails sur leurs travaux au Congo et dans les pays voisins. Leurs lettres, quoique trop rares encore, renferment déjà bien des informations utiles, notamment sur les usages et institutions des nègres. Les historiens qui nous en ont conservé le plus sont les PP. Tellez (*Chronica da C^{ia} de Jesus* etc., 1645), Guerreiro (*Relaçam* de 1602-1603, etc.), qu'on retrouve dans du Jarric (*Histoire*, etc., t. II et III, et surtout le P. Antoine Franco, dans la *Synopsis Annalium S. J. in Lusitania ab anno 1540 ad an. 1725* et dans les notices biographiques en trois séries qu'il a consacrées aux plus illustres Jésuites portugais sous le titre de « Tableau de la vertu *(Imagem da virtud)* dans les noviciats de la Compagnie de Jésus » à Coimbre, Lisbonne et Evora (1714-1719).

[2] Guerreiro, *Relaçam* de 1604-1605 et 1607-1608 ; du Jarric, l. III, l. V, c. xliv.

C'est le lieu de rappeler au moins d'un mot un genre de travaux qui n'est pas sans intérêt non plus pour l'ethnographie : nous voulons parler des ouvrages composés par les missionnaires sur les langues des nègres ou dans ces langues[1].

Passons maintenant dans l'Afrique australe et orientale. Nous nous trouvons ici dans une région par où les Portugais avaient pénétré dès le commencement du XVI° siècle jusqu'au milieu du bassin du Zambèze. Mais ce que l'Europe en a connu durant deux cents ou trois cents ans, repose presque uniquement sur les relations des missionnaires. Les marchands qui parcouraient les rives du Zambèze et l'intérieur du Monomotapa se souciaient peu de recueillir des observations géographiques. « Toute l'industrie des Portugais dans cette *conquête.* » disait mélancoliquement le P. de Sousa, « s'épuise dans l'échange de l'or et la recherche des mines d'argent[2]. » Les quelques détails sur le Monomotapa que connaissait Barros en 1552, notamment ce qui concernait les fameuses ruines de Simbaoé ou Zimbabyé, provenaient encore en grande partie des trafiquants arabes[3]. Les

---

in. La biographie complète du P. Barreira se trouve dans Tellez, *Chronica*, t. II. l. VI, c. XVII-XXXV ; Franco, *Imagem... em o nociciado d'Ecora*, p. 91-119, it. *de Coïmbra*, t. II, p. 469-482.

[1] Mentionnons le catéchisme en langue du Congo, composé par le P. Matthieu Cardozo à San-Salvador, capitale du Congo, en 1619, et qu'il fit imprimer à Lisbonne en 1623 (Franco, *Synops.*, p. 228 et 235). Un autre catéchisme fut écrit dans la langue de Dongo ou Angola par le P. François Pacomio, jésuite italien, qui mourut en 1641, après avoir longtemps évangélisé le pays d'Angola ; cet ouvrage a été publié sous une forme abrégée et avec le texte portugais en regard, par le P. Antoine de Couto, puis réédité avec adjonction du texte latin par un missionnaire capucin, le P. Antoine Marie de Monteprandone (Rome, 1651). Remarquons que ces livres étaient destinés à l'usage des néophytes, et c'était surtout les missionnaires qui leur apprenaient à s'en servir : c'est à leur zèle pour l'*instruction* des indigènes qu'est dû ce fait constaté, non sans surprise, par Livingstone et d'autres voyageurs contemporains, du grand nombre de métis et même de nègres sachant lire et écrire, qu'on trouve dans l'intérieur du Congo et d'Angola, où cependant il n'y a plus d'écoles publiques.

[2] *Oriente conquistado*, I, p. 830.

[3] *Da Asia*, Dec. I, l. X, c. 1 (dans Ramusio, vol. I, 2° édit. p. 431-435). Ces ruines sont décrites aussi par le P. dos Santos (*Etiopia oriental*, 1609, l. II, c. XI). Elles ont été visitées en 1871 par un voyageur allemand, M. Mauch (Petermann, *Geogr. Mittheil.*, 1872, n° 3 et *Ergänzh*, n° 37, p. 49 s.). Déjà les Portugais du XVI° siècle avaient cru y reconnaître les restes de l'Ophir de Salomon ; M. Mauch admet aussi cette opinion. Pour les discussions qui ont eu lieu à ce sujet, on peut consulter une dissertation de l'abbé Legrand (*Relation historique d'Abyssinie*, 1728, p. 259 suiv.) et l'article de M. Petermann, traduit et annoté par M. Dureyrier (*Bulletin de la Soc. de géogr. de Paris*, 1872, novembre, p. 510 suiv.).

informations plus étendues sur les mœurs, les institutions, le caractère varié des tribus cafres ne commencent qu'avec la mission de l'intérieur. Elle fut fondée par un martyr, le P. Gonsalve de Sylveira. Ce héros chrétien, dont la mort glorieuse a inspiré deux fois la muse de Camoëns[1], entra à Simbaoé, résidence de celui qu'on appelait alors l'empereur de Monomo-tapa, le 1ᵉʳ janvier 1561. Et déjà il avait instruit et baptisé ce prince avec trois cents de ses principaux sujets, quand les marchands arabes, qui sentaient que le développement du christianisme était la ruine de leur influence, surent exciter les mauvais instincts du souverain noir au point qu'il ordonna la mort du prêtre européen, le 15 mars 1561[2].

En 1620, un autre jésuite, le P. Jules César, revint à Simbaoé, invité par l' « empereur » lui-même, et il a rédigé une relation de son voyage[3]. Mais, peu après, la Compagnie de Jésus céda cette mission aux Pères dominicains, sur leur demande.

Ces religieux étaient en possession, depuis les premiers temps de la conquête, de remplir les fonctions du ministère sacerdotal dans les établissements portugais sur la côte de Sofala et de Mozambique et le long des rives du Zambèze jusqu'à Tete. Ils avaient formé, à des distances considérables de ce fleuve, des stations de missionnaires, qui fournissaient les secours spiri-tuels aux nombreux Portugais disséminés dans le pays, sans oublier l'évangélisation des indigènes. « Excessifs, » dit un de leurs historiens, « sont les travaux que souffrent les fils de saint Dominique en parcourant ces régions, pour convertir les Cafres et prêcher et administrer les sacrements[4]. » Le martyre

---

[1] *Lusiadas*, canto X, v. 93 et *Rimas*, son. XXXVII.

[2] V. *Vita P. Gonzali Sylverix, S. J. sacerdotis*, dont l'auteur est le P. Nicolas Godinho, Portugais (Lyon, H. Cardon, 1612). Plusieurs chapitres du livre II sont consacrés à la description du pays des Cafres, de leurs mœurs, de leur gouverne-ment, etc. — Le P. de Sousa, dans son *Oriente conquistado* (t. I, p. 830-849), ré-sume les documents que les missionnaires avaient fournis sur la Cafrerie jusqu'à la fin du XVIIᵉ siècle. Quoi qu'il se plaigne lui-même de l'insuffisance de ces informa-tions, elles n'en forment pas moins un ensemble curieux.

[3] Le P. de Sousa en donne des extraits (op. cit., p. 837, 843, etc.).

[4] Alonzo Fernandez, *Historia ecclesiastica de nuestros tiempos* (Tolède en Espagne, 1611), l. II, c. XVI, p. 243. M. de Lacerda a inséré dans les *notes* de son *Examen des voyages de Livingstone* plusieurs extraits sur les missions domini-

même ne leur manqua pas. L'année 1592, le P. Nicolas de Rosario, prêchant sur les bords du Zambèze, fut saisi par les Cafres Zimbas, percé de flèches, puis coupé en morceaux, cuit et dévoré par ces barbares. Mais de beaux triomphes récompensèrent aussi leur zèle. En 1652, le P. Alexis de Rosario eut le bonheur de baptiser encore un souverain de Monomotapa. Un fils de ce prince voulut se donner à l'Ordre religieux qui lui avait apporté la foi, et on rapporte qu'il mourut comme dominicain à Goa, dans l'Inde, où il avait reçu la charge d'une paroisse[1].

Toutes les possessions des Portugais dans l'Afrique orientale, c'est-à-dire presque tout le littoral de l'Océan Indien, étaient visitées par les missionnaires de saint Dominique. La grande île africaine, Madagascar, appelée Saint-Laurent par les Portugais, entendit aussi leur parole. En 1585, le P. Jean de Saint-Thomas y succomba, victime de son zèle, au poison que lui firent prendre les sauvages.

C'est sur les renseignements qui affluaient de ces nombreuses missions dans les couvents de l'ordre et avec ceux qu'il avait recueillis lui-même durant onze années d'apostolat chez les Cafres (1586-1597), que le P. Jean dos Santos composa ses importants et curieux ouvrages[2]. L'*Éthiopie orientale* de ce vénérable auteur suggère une remarque qui s'applique aussi à la plupart des relations des missions. Outre les faits observés par les missionnaires, elles en offrent beaucoup d'autres souvent

caines dans l'Afrique australe, tirés de Jean dos Santos et des *Histoires de S. Dominique* par les PP. Louis de Sousa et Luc de Sainte-Catherine. La note 17 (p. 549) est particulièrement intéressante, parce qu'elle indique toutes les stations occupées par les missionnaires de cet ordre au sud du Zambèze, vers la fin du XVII° siècle. On y voit aussi, pour le dire en passant, que le P. François de la Trinité, « vicaire » de Tete, composa deux catéchismes et une méthode de confession en langue cafre (F. Lucas de Santa Catharina, *Historia de S. Domingos*, Lacerda, p.556).

[1] Fontana, *Monumenta Dominicana* (Rome, 1675) ad annum 1652. — Le P. Luc de Sainte-Catherine nomme encore deux autres « princes » du Monomotapa, qui portaient de son temps l'habit de saint Dominique à Goa.

[2] L'œuvre de Jean dos Santos comprend deux parties : l'*Etiopia oriental*, qui est surtout une description des pays, habitants et productions de l'Afrique orientale, en particulier de la région du Zambèze; la *Varia historia da christiandade oriental*, qui est une histoire des missions dominicaines, dans ces mêmes contrées et dans les Indes orientales. Le P. Gaëtan Charpy, théatin, a donné en 1688, sous le titre d'*Histoire de l'Éthiopie orientale*, une traduction française trop abrégée de la première partie de l'ouvrage du P. dos Santos.

d'une grande valeur, que les écrivains tiennent d'ailleurs, et qu'ils ont seuls sauvés de l'oubli. Nous croyons pouvoir signaler comme exemple, dans le P. dos Santos, le récit de la double expédition de François Barreto aux mines d'or de Manica et aux mines d'argent de Chicôva, sur le Zambèze (1571-1573). Ces deux campagnes, qui restèrent longtemps fameuses, ne sont pas sans intérêt pour l'histoire de la géographie. Il suffit de dire que, dans la première, le général portugais conduisit ses soldats par terre à environ cent lieues de la côte, à l'ouest de Sofala; dans la seconde, il pénétra encore bien plus loin dans l'intérieur du continent : il partit de Senna (à 60 lieues au-dessus de l'embouchure du Zambèze), et tantôt longeant les rives du fleuve, tantôt se faisant porter sur ses eaux, il mena sa petite armée d'abord aux gorges de Lupâta, où il fallut livrer bataille aux *Mongáz (Manganja)* de la rive gauche, puis, après avoir dépassé Tete, où les Portugais avaient déjà une colonie (60 lieues ouest de Senna) à la « plaine d'argent », *Tchicôva*. Barreto ne trouva pas les mines d'argent (le secret n'en fut livré aux Portugais qu'en 1690); mais il avait accompli tout d'une traite plus que le quart de la traversée du continent africain; il avait reconnu le Zambèze jusque vers le confluent du Loangoa, c'est-à-dire sur le tiers environ de sa longueur. C'était un grand et beau voyage d'exploration, qui certes méritait de ne pas demeurer inconnu. Pourtant, c'est probablement le sort qu'il aurait eu sans les historiens des missions. Il est juste d'ajouter que le P. dos Santos ne fut pas le seul à l'enregistrer pour la postérité. Deux missionnaires jésuites, les PP. François de Monclaro et Étienne Lopez, avaient accompagné l'expédition, sur la demande de son vaillant chef. A leur retour, ils fournirent d'excellentes informations, que plusieurs historiens de la Compagnie de Jésus ont mises à profit[1].

---

[1] Le P. François de Sousa, par exemple, ajoute beaucoup de détails au récit de J. dos Santos ; il marque surtout avec plus de précision l'itinéraire de Barreto, les distances parcourues, etc. (*Oriente conq.*, t. II, p. 600-608). On trouve aussi dans le P. de Sousa des renseignements curieux sur la découverte des mines d'or et d'argent, sur les établissements que les Portugais y avaient formés (t. I, p. 811-818, cf. 833-835 et t. II, p. 608). C'est lui encore qui nous apprend que, lors des expéditions de Barreto, dix Portugais longèrent le Zambèze au-dessus des cataractes et rapides qu'on trouve à trente lieues de Tete (cataracte de Kebrabaça d'après Livingstone),

Les incursions des Cafres obligèrent souvent les Portugais d'envoyer des expéditions militaires dans des régions auparavant inconnues, aux deux côtés du Zambèze. Ces expéditions ne partaient pas sans aumôniers, et c'étaient naturellement les missionnaires stationnés dans le pays qui étaient chargés de cet office. Les lettres, où ils rendent compte à leurs supérieurs et à leurs confrères de ces missions spéciales, sont encore à peu près les seules sources qui aient gardé le souvenir de ces campagnes, et l'on comprend qu'elles renferment bon nombre d'utiles renseignements. Comme nous l'avons dit précédemment, le recueil où se trouve la description du lac Nyassa par le P. Mariano (1624), contient aussi une relation de la guerre que les Portugais durent soutenir en 1624 contre un chef cafre, qui se faisait appeler *Hemozura*, « tout-puissant », et s'était créé par ses exploits un empire de deux cents lieues d'étendue à l'ouest et au sud du lac Nyassa[1]. Les auteurs de ces relations sont deux confrères du P. Mariano, les PP. Emmanuel de Mendonza et Michel Rodriguez. En 1624, ce dernier avait à sa charge la paroisse de Sainte-Croix, près de l'entrée du Zambèze. Le P. de Mendonza desservait une paroisse près de Senna, qu'on nommait *Kemba* ; mais de plus il avait, durant son année, couru plus de cent villages d'indigènes, pour y distribuer l'instruction et les sacrements. Il assure qu'il avait alors dans sa paroisse plus de 40 enfants cafres chantant la doctrine chrétienne en leur langage. La Compagnie de Jésus fournit des prêtres et des instituteurs aux tribus des rives du Zambèze jusqu'à l'année 1759, où tous ses missionnaires d'Afrique furent saisis en même temps que ceux d'Amérique et des Indes, et transportés à Lisbonne dans les prisons de Pombal[2].

« cherchant à découvrir *la source* du grand fleuve, dont ils ne purent avoir aucune connaissance, même en interrogeant les indigènes » (t. I, p. 833).

[1] Nous avons déjà donné le titre de ce recueil (*Lettere annue d'Etiopia, Malabar, Brasile, Goa dall' anno 1620 sin' al 1624*, Roma, 1627). Il a été traduit de l'italien en français sous le titre : *Histoire de ce qui s'est passé en Ethiopie*, etc., Paris, 1628. Cependant nous devons dire que cette version présente quelques inexactitudes, notamment dans la Relation du P. Mariano (p 133-133).

[2] Le P. Maurice Thomann, originaire du Tyrol, qui fut un des derniers missionnaires de la Cafrerie et une des victimes de Pombal, a raconté les circonstances de cette déportation dans une autobiographie en allemand, où l'on trouve en même temps une intéressante description du pays et des peuples cafres.

Terminons notre revue par l'Éthiopie. On sait quelle grande place tient ce pays dans l'histoire de la géographie de l'Afrique centrale. Son rôle lui est venu de l'illusion qu'on s'est faite pendant longtemps en Europe sur son importance réelle, puis de la persuasion où l'on a été plus longtemps encore qu'il renfermait les sources du Nil. Nous avons vu comment ces deux erreurs, réagissant l'une sur l'autre pour se fortifier mutuellement, entretinrent le plus étrange désordre dans la cartographie du xvi° et du xvii° siècle. On a voulu en rendre responsable l'aumônier de l'ambassade portugaise en Éthiopie, le chapelain royal Francisco Alvarez, qui donna la première description détaillée de cet empire (1540). Cela n'est pas juste : car la relation d'Alvarez n'autorisait nullement les fantaisies que les cosmographes du temps ont pu en déduire. Il n'est pas l'auteur de la confusion faite entre le fleuve *bleu* ou Nil des Abyssins et le fleuve *blanc*, qui est le vrai Nil ; il nous avertit, du reste, avec la plus parfaite bonne foi, qu'il n'a pas vu le Nil. Quant à l'erreur capitale, celle qui prolongeait l'Abyssinie à douze degrés au sud de l'équateur, Alvarez n'y est pour rien. Malgré l'absence de toute indication mathématique, sa description, étudiée avec plus d'attention, aurait épargné cette funeste bévue à Ramusio, Mercator, Ortelius, Sanudo, aux Hondius, aux Sanson, etc.; car la position des divers royaumes ou provinces d'Abyssinie par rapport aux points géographiques connus et leur limites approximatives y sont tracées d'une manière réellement satisfaisante.

Une publication qu'on accuserait avec bien plus de raison que la relation du prêtre portugais, c'est l'*Histoire ecclésiastique d'Éthiopie*, publiée à Valence, en Espagne, l'année 1610, avec l'*Histoire des Dominicains d'Éthiopie* qui la suivit en 1611. Ces deux ouvrages, qui reposent uniquement sur les contes d'une sorte de chevalier d'industrie, venu d'Abyssinie en Espagne, ont eu trop de faveur chez quelques compilateurs. C'est là qu'on trouve décrit, de la façon la plus invraisemblable, le fabuleux empire du Prêtre Jean, s'étendant depuis l'Égypte jusqu'au cap de Bonne-Espérance. Le lac de *Dambea* ou Tsana y est identifié avec le fameux *Zambra*, d'où naissent le Zaïre et le Nil, et on nous dit que sur ses rives est bâtie la capitale du

Prêtre-Jean. L'auteur apprend à ses lecteurs « que le Prêtre-Jean qui vit actuellement (en 1608), et qui se nomme Zeras Chaureath, est occupé avec beaucoup d'officiers et d'hommes à enlever les rochers du fleuve Zaïre pour rendre la navigation facile; il est aidé par quelques ingénieurs que le duc de Florence lui a envoyés à cette fin. Ce travail terminé, les navires pourront sortir du lac Cafates et de la ville de Zambra, résidence du Prê-tre-Jean, qui est assise sur ses rives, puis suivre le fleuve Zaïre, qui naît de ce lac, déboucher dans l'Océan au royaume de Congo, et enfin venir jusqu'à Lisbonne et Séville sans entrer en aucune contrée qui ne soit du domaine du roi Don Phi-lippe III. De sorte que les deux rois peuvent communiquer entre eux par leurs propres terres. » Belles imaginations, qu'il était trop facile de réfuter au temps même où elles s'écrivaient[1]. La bonne foi du bon P. de Urreta est hors de cause, mais il est évident que sa crédulité était extrême; il est plus excusable que les géographes comme Dapper, qui l'ont quelquefois copié[2]. Il est juste d'ajouter que le célèbre chroniqueur portugais Damien de Goës et même le grand Barros se sont eux aussi, sur plus d'un point, laissé induire en erreur par des hâbleurs abyssins.

Nous pouvons, sans trop de présomption, faire dater les pre-mières notions, mathématiquement précises, que l'Europe ait

[1] Les erreurs historiques et géographiques du P. de Urreta ont été réfutées par le P. Guerreiro, *Relaçam annal de 1607-1608*, lib. V, p. 265 suiv., et le P. Nicolas Godinho, *de Rebus Abissinorum*, Lyon, 1615.

[2] Voici comment le P. Quétif parle des ouvrages du P. de Urreta, dans la Bibliothèque des écrivains dominicains : « De quibus operibus eruditi alii aliter sentiunt, nos hoc unum contendimus Urretam ab implanatorum falsariorumque crimine immunem omnino esse, nec quid quod verum ipse non putaret edidisse : utrum autem cujuslam Æthiopis azyrtæ Joannis Balthazari fraudibus illectus et circumventus fuerit, faciliorisque fidei hominem se præstiterit ac levioris, id pe itorum certe conflatorumque relinquimus arbitrio et criterio. » (T. II, p. 378.) Tant de réserve chez le savant bibliographe, pour qui le connaît, équivaut à une condamnation en règle, surtout si l'on songe que les productions du P. de Urreta étaient en grande partie une œuvre de polémique contre les jésuites. Ajoutons que le P. de Urreta fut désavoué par les membres les plus savants de son ordre, tels que le P. Marchese. Voir les observations du P. Matagne, bollandiste, qui montre comment d'anciens *saints* éthiopiens, plus ou moins authentiques, sont de-venus des Dominicains sous la plume du P. de Urreta, trompé par Balthazar (*Études*, 1859, 4e sér., t. III, p. 402-406). Au reste, nous ne contestons pas que des missionnaires dominicains aient pu pénétrer en Abyssinie au XIIIe ou au XIVe siècle; mais il n'y a aucun souvenir certain de leurs travaux.

obtenues sur l'Éthiopie, de la mission fondée en ce pays par
S. Ignace de Loyola[1]. Disons mieux, les premières observations
astronomiques de quelque valeur, qui aient été faites dans l'intérieur de l'Afrique tropicale, sont dues aux Jésuites portugais
qui évangélisèrent l'Éthiopie depuis 1557 jusqu'en 1635. Si ces
missionnaires, confondant Nil bleu et Nil blanc, contribuèrent
à accréditer l'idée que le fleuve d'Égypte avait ses sources principales en Abyssinie, cette erreur est, croyons-nous,
compensée par les rectifications qu'ils ont apportées à la carte
de cette contrée. Quand leur travail, assez longtemps ignoré ou
méconnu, eut enfin été ratifié par la critique respectueuse d'Anville, il forma la première base scientifique de la carte de l'Afrique centrale. Nous ne dirons pas tout ce qu'il avait coûté aux
missionnaires : on peut s'en faire une idée par la lecture des
voyages du P. Jérôme Lobo, qui sont connus.[2] Mais nous voulons
rappeler au moins deux expéditions, qui nous paraissent à ce
moment mériter particulièrement l'attention des géographes.

Toutes deux se rattachent à ces efforts dont nous avons déjà
plus d'une fois parlé, pour découvrir des chemins qui permis -
sent aux missionnaires d'entrer en Éthiopie sans s'exposer à
tomber aux mains des Turcs. La première est déjà racontée
dans la Relation d'Abyssinie publiée par l'abbé Le Grand (1728).[3]
C'est la tentative faite par le P. Lobo, en 1624, pour pénétrer
en Abyssinie par la côte de Mélinde. Nous y trouvons à remarquer les observations sur le royaume de *Jubo*, dont le nom rappelle évidemment le fleuve de *Jub (Djub)* ou *Juba*, que l'as-
sassinat du baron von der Decken a rendu tristement célèbre,
mais surtout celles qui concernent les *Maracates*, qui demeurent
« à deux journées de Jubo, plus avant dans la terre. » Quoique
très courtes, ces dernières observations sont curieuses à com -
parer avec celles qu'un voyageur contemporain, Haggenmacher
(1874), a recueillies dans le pays des Somâlis, dont la côte vi-
sitée par le P. Lobo fait déjà partie. Les *Maracates* étaient

---

[1] Voir *Cartas de S. Ignacio*, Madrid, 1874 et an. suiv., tom. I, p. 502-519, avec
la note des éditeurs.

[2] *Relation historique d'Abyssinie*, traduite par l'abbé Le Grand (aumônier de
l'ambassadeur de France en Portugal), Paris, 1728, avec une carte par d'Anville.

[3] *Ibid.*, p. 18-27.

sans doute des Somâlis, peut-être de la tribu des *Habar Ghe-raghis*[1]. Le P. Lobo avait aussi vu des *Gallas*, et c'est à travers les bandes errantes de cette race que son expédition l'aurait mené jusqu'en Éthiopie, s'il avait pu l'achever.

L'autre voyage dont nous voulons parler, avait conduit le P. Antoine Fernandez, onze ans auparavant, parmi ces mêmes Gallas, précisément par le chemin que devait prendre le P. Lobo, mais dans la direction opposée. Le P. Fernandez était parti de *Dambea*, en Éthiopie, au commencement de mars 1613. Il alla d'abord rejoindre, dans le royaume de *Gojam* « où nait le Nil (bleu), » un ambassadeur de l'empereur abyssin, qui devait porter des lettres du prince au gouverneur des Indes à Goa et au roi de Portugal. L'expédition comprenait, de plus, une escorte de quarante hommes. L'escorte et la protection officielle n'empêchèrent pas les voyageurs de subir, outre les incommodités ordinaires dans un pays où il n'y avait à proprement parler aucune route, les vexations des propres sujets du *Négus*. Après quatorze mois de voyage, ils étaient à peine sortis des états soumis plus ou moins effectivement à l'empire abyssin, qu'un chef mahométan, appelé Alico, qui dominait dans la région qui fait suite au royaume de *Combate*, les força de rebrousser chemin.

Les relations de la mission d'Éthiopie ont conservé avec quelques détails l'itinéraire du P. Fernandez,[2] et il est facile aujourd'hui d'en suivre les étapes, grâce aux lumières jetées sur la carte de la haute Abyssinie et des pays gallas, surtout par les PP. capucins qui évangélisent ces contrées sauvages.[3] Voici les principaux points de cet itinéraire. Province de *Dambea*

---

[1] Haggenmacher, *Voyage au pays des Somâlis.* (Petermann, *Geogr. Mitth.,* *Ergänzh.* nᵒ 47. V. surtout p. 27 et s.)

[2] Tellez, *Historia geral da Etiopia alta,* lib. IV — Francó, *Imagem da virtud em o nociciado d'Ecora,* p. 603 suiv.

[3] Voir les communications adressées à la Société géographique de Paris par le P. Léon des Avanchers, en particulier une lettre de 1861 avec carte *(Bulletin de la Soc. géo., t.. 1866, 5ᵉ sér.,t. XII, p. 163 suiv.);* les cartes que M. Antoine d'Abbadie a jointes à sa *Géodésie d'Éthiopie,* celle qu'on trouve dans l'ouvrage de son frère et compagnon de voyage : *Douze ans dans la Haute-Éthiopie* (Paris, 1868), ou simplement la carte du nord-est de l'Afrique, dans la dernière édition de l'atlas Stieler (Petermann), qui est tracée surtout d'après M. Ant. d'Abbadie et le P. des Avanchers pour la région qui nous occupe.

(qui renferme le lac Tsana); province de *Gojam*, au sud de la première, dans le coude que fait l'Abaï ou Fleuve bleu; *Sinassé*, localité principale des *Gongas* païens; passage du *Nil* (Abaï), « en un point où déjà il tourne son cours vers l'Égypte. » De là, marche « droit au sud, » entrée dans une « terre de *Cafres*, » c'est-à-dire de nègres païens « encore sujets de l'empereur; » pour éviter les voleurs, on se lance à travers des fourrés presque impénétrables, qui mènent près de la rivière *Maley* qu'on passe non sans danger. Arrivée dans la province de *Narea* (Enarea), en franchissant « une grande montagne » : le voyageur compte qu'il a fait cinquante lieues (250 kilomètres environ) depuis le passage du Nil, allant toujours droit au Sud. « Cette province est la dernière de l'empire abyssin (du côté du sud) et confine à la *Cafrerie* (pays des nègres païens), qui s'étend jusqu'à la côte de Mélinde. » L'intention du Père semble avoir été de traverser ce pays des nègres, pour s'éloigner davantage des musulmans; mais le gouverneur de Narea l'obligea de prendre le chemin de *Balii* et du royaume de *Gingiro*. Quatre grandes journées à travers un pays dépeuplé; le lendemain, après le passage d'une haute montagne, arrivée au fleuve *Zebeé*, « qui a plus d'eau que le Nil et se précipite avec fracas entre des montagnes abruptes; » on le franchit à grand'peine sur une planche jetée d'une rive à l'autre sur des rochers d'une hauteur vertigineuse et l'on entre dans le royaume de Gingiro. « Ce royaume, » dit le P. Fernandez, « est petit, il est entouré par le Zebée, de façon à être comme une presqu'île. » La relation du missionnaire voyageur contient divers détails sur les coutumes, les institutions politiques et sociales de cette contrée païenne; mais achevons l'itinéraire. On sortit de Gingiro vers l'est, en passant de nouveau le Zebée, mais cette fois sur une embarcation d'un genre particulier, une peau de vache gonflée d'air; le passage demanda un jour entier. Entrée dans le « royaume (province) de *Combate*, dont le souverain rend encore quelque soumission à l'empereur d'Éthiopie; plusieurs rencontres et combats avec des pillards, appartenant à un peuple voisin appelé *Gurà Gué*. » L'expédition est arrêtée pendant plus de trois mois par le gouverneur de Combate, et quand il se décide à la laisser repartir, plusieurs Abyssins de l'escorte se déclarent hors d'état de pousser plus loin un voyage qui avait déjà été rude trop au delà de leur attente. Enfin, une dernière étape conduit Fernandez chez le « Maure » Alico, d'où il dut lui-même, à son grand regret, retourner en arrière. Ce n'est pas sans peine qu'Alico s'était décidé à lui laisser la vie, et d'autres mahométans ou les Gallas l'auraient sans doute massacré durant le voyage de retour, sans l'intervention opportune d'un chef galla, nommé *Amuma*, qui prit la caravane sous sa protection, jusqu'à l'arrivée en lieu plus sûr.

Les pays ainsi parcourus par le P. Antoine Fernandez n'avaient, pour la plupart, jamais été visités par un Européen. Et aujourd'hui même, ils n'ont vu probablement que M. d'Abbadie et les apôtres des Gallas, Mgr Massaja, le P. Léon des Avanchers et leurs intrépides compagnons. Les quelques détails sur le fleuve *Zebeé* sont particulièrement intéressants : c'est évidemment le même fleuve que M. d'Abbadie et le P. des Avanchers appellent *Ghibé* et qu'ils regardent comme le cours supérieur du *Jub* ou *Juba* (le *Jubo* du P. Lobo).

Il est clair que les efforts répétés par tous les côtés pour aborder l'Abyssinie, au commencement du xviie siècle, procédaient en partie de l'état incomplet des connaissances géographiques sur ce pays et l'intérieur de l'Afrique en général. Mais aussi ont-ils puissamment contribué, avec les observations astronomiques des missionnaires, à dissiper les illusions que des cartes prodigieusement erronées entretinrent trop longtemps en Europe. Il ne fallait rien moins que ces reconnaissances hardies pour prouver aux cartographes réfractaires que « l'Éthiopie du Prêtre-Jean » n'était pas à quelque cinquante lieues de la côte de Mélinde et n'arrivait point aux frontières du Congo. Si donc elles n'ont pas obtenu le but désiré, la géographie n'y a rien perdu.

Pour compléter l'historique rapide de ces entreprises intéressantes à divers points de vue, disons encore quelques mots de celles qui ont eu pour point de départ le Congo. Déjà, vers 1627, un jeune missionnaire jésuite, le P. Antoine Machado, « méditait d'ouvrir un chemin à travers les vastes royaumes d'Angola jusqu'à l'Éthiopie du Prêtre-Jean.[1] » La mort arrêta ce pieux et

---

[1] Franco, *Imagem... em o noc. de Coimbra*, t. II, p. 513.

héroïque dessein ; mais Rome s'occupait encore, en 1630, de le faire exécuter par des confrères de Machado. Ce que rapporte à ce propos un des historiens portugais de la Compagnie de Jésus n'est peut-être pas sans intérêt. Voici donc ce qu'écrit le P. Antoine Franco, dans sa *Synopsis Annalium Societatis Jesu in Lusitania*, à l'année 1630, sous ce titre marginal : *Projet de voyage d'Angola en Abyssinie.*

Nous projetions aussi une expédition par terre en l'Éthiopie qui confine à la mer Rouge. On avait pensé à Rome qu'il était possible d'ouvrir un chemin par où nos prêtres pourraient encore passer chez les Abyssins, après que les Turcs avaient mis garnison dans tous les ports de la mer Rouge.

L'exécution de ce plan fut confiée aux Pères Michel Affonso et Jean Paiva, qui tous deux résidaient alors dans le collège de Congo et étaient habitués au climat du pays. Mais le P. Édouard Vaz, Recteur de Congo, jugeant la chose téméraire, comme elle l'était en réalité, écrivit aux Supérieurs Général et Provincial les raisons graves et les difficultés insurmontables, qui devaient être d'abord pesées mûrement, si l'on ne voulait exposer les missionnaires à des périls de mort évidents, sans espoir d'obtenir le résultat désiré. Il exposa la longueur des distances, car il ne s'agissait de rien moins que de traverser toute la largeur de l'Afrique. Il faudrait passer au milieu de nations féroces et insociables, qui ne connaissent pas de commerce humain, qui se nourrissent de chair humaine, enfin qui s'entre-détruisent par des guerres continuelles. Ajoutez que ces contrées de l'Afrique sont si pernicieuses aux étrangers par leur climat insalubre qu'aucun des Nôtres (des Pères de la Compagnie de Jésus) n'a encore quitté ces rivages vivant ou du moins sans emporter une grave maladie. Et le P. Vaz citait à l'appui une longue série de noms. — Toutes ces objections ayant été examinées à loisir, on jugea plus sage de renoncer à une entreprise qui paraissait dépasser les ressources de la prudence et des forces humaines.

Peut-être les lecteurs trouveront-ils que la lettre du P. Vaz non seulement ne respire aucune illusion géographique, mais accuse même peu d'enthousiasme. Il ne faut pas oublier que c'est un supérieur de mission qui parle. Le P. Vaz était homme à se dévouer, sans aucun ménagement pour sa personne ni souci de sa vie, à toute œuvre où il aurait vu la possibilité de remplir un but apostolique. Il l'a prouvé par les vingt-sept années qu'il passa, au dire de ses biographes, à évangéliser les nègres de

Congo, d'Angola et de Benguela, au milieu de fatigues presque
surhumaines.[1] Il se serait lancé le premier sur la route de l'Éthiopie, s'il en avait reçu un ordre de Rome. Mais il ne pouvait
livrer les vies de ses subordonnés, des vies si précieuses dans
une mission trop pauvre d'ouvriers apostoliques, à une entreprise qui n'offrait aucune chance de réussite. L'expérience des
voyageurs modernes dans l'Afrique équatoriale a montré que les
objections du P. Vaz n'avaient rien d'exagéré; il n'est pas dou-
teux qu'une expédition, dans les conditions où l'auraient pu or-
ganiser les missionnaires, non seulement ne serait jamais arrivée en Éthiopie, mais n'aurait pas franchi cinquante lieues au
delà des frontières portugaises. Ce n'eût pas été faute de cou-
rage chez les missionnaires; on peut rappeler à ce propos que
plusieurs grandes expéditions, notamment les deux expéditions Grandy (1873) et Güssfeldt (1875), la première an-
glaise, l'autre allemande, et toutes deux organisées à grands
frais, n'ont pas même pu obtenir ce mince résultat.
Et si d'autres ont été plus heureuses, il ne faut pas oublier
à quelles conditions elles ont conquis le succès. N'y a-t-il pas
de quoi tempérer notre fierté à l'égard des triomphes de l'exploration moderne, dans cette pensée que, pour réussir, Stanley a
dû se mettre à la tête d'une armée; Schweinfurt, Nachtigall,
Cameron et d'autres, accepter la protection peu honorable des
chasseurs d'esclaves?

Les missionnaires finirent par trouver le moyen d'entrer en
Éthiopie avec l'aide des marchands arabes, intéressés à ména-
ger les Portugais. Mais déjà cette mission qui avait tant coûté
touchait à sa ruine; dès 1635, elle était étouffée par un tyran
dans le sang de presque tous les jésuites et d'une multitude de
catholiques indigènes. Des religieux franciscains acceptèrent à
différentes reprises (de 1640 à 1669) la charge périlleuse de
remplacer les prêtres exterminés; presque tous payèrent ce dé-
vouement de leur vie. Quelques-uns, qui avaient déjà exercé le
ministère à Alexandrie et au Caire parmi les chrétiens, prirent
le chemin de l'Égypte pour pénétrer dans leur nouvelle mission; on raconte que deux d'entre eux, avant de pouvoir y en-

[1] Franco, *Imagem Evora*, p. 440-448, et *Synopsis*, ad an. 1619, 1620, 1623, etc.

trer, furent tués par des nègres, rôtis et mangés; pour rencon-
trer les anthropophages, ils ont dû descendre la vallée du Nil
à une grande distance vers le sud.

Un jésuite français, le P. de Brévedent, de Rouen, essaya encore de porter quelques secours à l'Église agonisante de l'Éthiopie. Il traversa toute l'Égypte et la Nubie, en longeant le Nil,
puis le fleuve Bleu, et parvint jusqu'à une demi-journée de Gon-
dar, près du lac Tsana, où il succomba à la maladie. Il avait
fait ce voyage en compagnie du médecin Poncet, et déguisé en
domestique. On s'accorde à reconnaître que la relation publiée
depuis lors sous le nom de Poncet, et qui est estimée, vaut surtout par les observations astronomiques que le P. de Brévedent
avait faites le long de la route.[1]

Arrêtons-nous, bien que nous n'ayons pas tout dit. Nous ne
voulons pas suivre maintenant les missionnaires de notre siècle:
il nous faudrait devenir trop long pour exposer tout ce qu'ils
ont fait et font encore pour la connaissance plus complète,
comme pour la civilisation de l'Afrique centrale.[2] Pour le moment, il importait surtout de venger leurs prédécesseurs et nos
ancêtres du dédain que l'ignorance ou le préjugé font injuste-
ment peser sur eux.

Puissions-nous y avoir réussi, dans une mesure si faible que
ce soit! Après cela, nous sommes heureux de renouveler aux
explorateurs contemporains le faible hommage de notre admi-
ration, et nous n'hésitons pas à proclamer que leurs découvertes ont immensément agrandi le champ ouvert par leurs précurseurs. Puissent les expéditions qui se préparent ou qui sont

---

[1] Cette relation est dans les *Lettres édifiantes et curieuses,* t. IV, p. 1, de la
première éd., et t. III, p. 250 suiv. de l'éd. de 1730. Voir aussi l'analyse d'une lettre
écrite de Sennaar par le P. de Brévedent, qui résume son voyage, dans la *Relation
hist. d'Abyssinie,* p. 159-160. L'abbé Le Grand raconte encore, à la suite, d'autres
tentatives faites sans résultat au commencement du xviii siècle pour rétablir la
mission d'Éthiopie. Elle n'a été reprise que de nos jours, lors du voyage et sous
les auspices de MM. d'Abbadie (1838).

[2] Nous renvoyons aux *Annales de la Propagation de la Foi* et à la publication
Les Missions catholiques, bulletin hebdomadaire de l'Œuvre de la Propagation
de la Foi, qui est venue fort à propos, en 1870, s'y ajouter pour recueillir et faire
connaître plus rapidement les informations si nombreuses et si intéressantes que
fournissent les missionnaires contemporains.

déjà en route pour l'intérieur de l'Afrique, dépasser encore par leurs triomphes celles qui les ont précédées et répandre la pleine lumière sur la géographie du grand continent! Que tant de sang versé, tant de sueurs répandues par les voyageurs et par les missionnaires, adoucissent enfin et rendent fécond pour la civilisation et le christianisme ce sol trop longtemps ingrat et meurtrier !

J. BRUCKER.

FIN

LYON. — IMPRIMERIE PITRAT AÎNÉ, RUE GENTIL

www.ingramcontent.com/pod-product-compliance
Lightning Source LLC
Chambersburg PA
CBHW061558080726
47597CB00005BA/2014